Tapas

susaeta

Índice

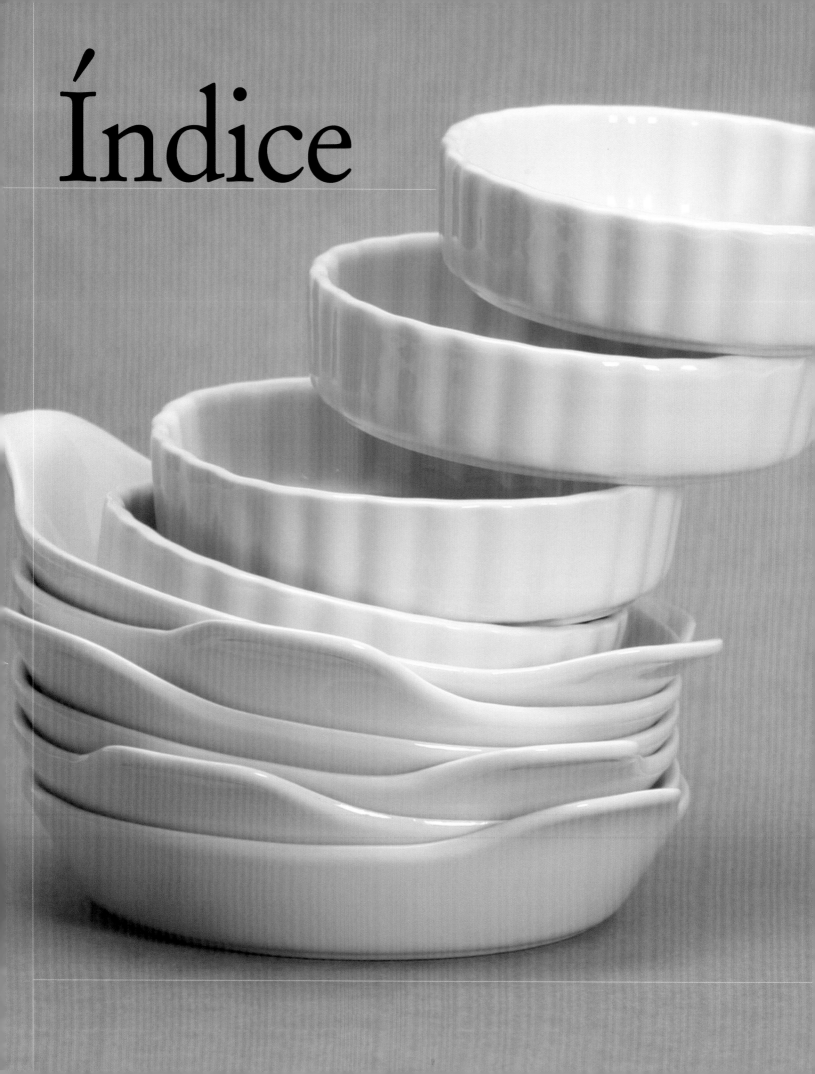

Entre comida y comida, tapa

Las tapas son una parte muy característica de la cultura española que se ha hecho popular en todo el mundo.

Alfonso X aconsejaba, después de una enfermedad que le obligó a comer entre horas, que en las tabernas se sirviera la jarra de vino tapada con una loncha de jamón o queso para evitar que cayeran impurezas y al mismo tiempo acompañar el alcohol con un alimento sólido. Éste fue el origen de la palabra «tapa», que alude a una antigua costumbre española que se mantiene y amplía hasta nuestros días.

La bebida clásica que acompaña a la tapa es el vino, normalmente el propio de la región: el chacolí en el País Vasco; el jerez fino en el Sur; el penedés en Cataluña; el rioja en Castilla y el ribeiro en el Noroeste.

El tapeo es un rito que se desarrolla frente a la barra de un bar y que conjuga una tertulia animada, un vaso de buen vino y una extensa variedad de tapas que abarca toda clase de alimentos.

Trucos y decoración

Son muchas y muy variadas las técnicas de decoración para dar toques especiales a sus platos. No siempre son difíciles y con utensilios especiales son muy sencillas de preparar.

El tomate, utilizado en muchos platos, no sólo se puede escaldar para desprender la piel con facilidad sino que también, como demostramos a continuación, siguiendo unos pasos muy sencillos puede conseguir una atractiva decoración en forma de flor.

Las empanadillas son muy socorridas y son un buen tentempié. Con ingredientes que suelen ser habituales en todos los hogares y una masa de fácil conservación podrá conseguir unas deliciosas empanadillas siguiendo la receta o bien improvisando con cualquier otro ingrediente.

Muchas veces nos resulta un tanto incómodo hacer las croquetas por ser muy engorrosa su preparación. Siguiendo la técnica que le mostramos no tendrá necesidad de mancharse las manos y podrá hacer las croquetas de una manera más higiénica utilizando una manga pastelera con una abertura del grosor que desee para las croquetas.

Flor de tomate

1. Elija un tomate duro pero no demasiado maduro. Lave el tomate, séquelo y marque la piel sin profundizar, con la ayuda de un cuchillo bien afilado, de forma que quede dividido en 6 partes.

2. Separe en pétalos cada una de las partes hasta la mitad del tomate; tenga cuidado de no tocar excesivamente la pulpa.

3. Abra los 6 pétalos hasta formar una flor.

Empanadillas

1. Separe la masa especial para empanadillas.

2. Coloque una pequeña cantidad del sofrito sobre la masa para que a la hora de cerrarlas no se salga.

3. Doble la masa y séllela con la ayuda de los dientes de un tenedor.

Croquetas

1. Prepare con antelación la masa de croquetas y colóquela en una manga pastelera una vez fría. Extienda sobre una bandeja una capa fina de pan rallado y haga tiras de masa sobre éste del grosor y largo deseado.

2. Corte con un cuchillo las tiras dividiéndolas en partes del mismo tamaño.

3. En un bol bata 1 huevo, 1 cucharada de harina y 3 de agua, páselas por la mezcla, vuelva a poner las croquetas en la bandeja con pan rallado, rebócelas y fríalas en abundante aceite caliente.

Tapas con patata

Patatas a las finas hierbas

4 patatas grandes

40 g de albahaca

40 g de romero

40 g de puerro

40 g de cebollino

200 g de mantequilla

1 dl de vinagre de vino blanco

1 dl de vino blanco

Sal

1. Elija patatas de un tamaño grande para poder sacar el mayor número de bolas. Pele las patatas y lávelas.

2. Vaya dando forma con la ayuda de un moldeador y coloque las bolitas resultantes en una cacerola con agua fría.

3. Ponga a cocer las bolitas de patata unos minutos con un poco de sal hasta que queden blandas sin que se deshagan; retire del fuego. Escúrralas y reserve.

4. Pique finamente la albahaca, el romero, el puerro y el cebollino.

5. Prepare la salsa en una sartén derritiendo la mantequilla con cuidado de que no se queme, aclárela con un batidor al mismo tiempo que añade el vinagre y el vino blanco y agregue las hierbas anteriormente picadas. Remuévalo todo muy bien y sálelo al gusto.

6. Coloque las bolitas de patata en un plato y extienda la salsa de hierbas por encima cubriendo bien todas las patatas.

Patatas alioli

4 patatas medianas

1 diente de ajo

Perejil picado

Salsa mayonesa:

1 huevo

3 dl de aceite de oliva

Zumo de 1 limón

Sal

1. Escoja patatas especiales para cocer y lávelas para eliminar la tierra.

2. En una cazuela con abundante agua fría cueza las patatas sin quitar la piel.

3. Una vez cocidas déjelas enfriar, retire la piel, córtelas en cuadraditos y sálelas. Colóquelas en un plato y reserve.

4. Pele el ajo y reserve para utilizarlo cuando la mayonesa esté terminada.

5. Para hacer la mayonesa, ponga en un recipiente un huevo y un poco de sal y vaya agregando poco a poco el aceite a la vez que bate con suavidad. Cuando obtenga una mezcla consistente, agregue el zumo de limón.

6. Una vez obtenida la mayonesa incorpore el diente de ajo y bata hasta que quede totalmente picado. Así obtendrá una salsa alioli.

7. En un bol, mezcle las patatas con parte de la salsa y reserve el resto.

8. Pique finamente el perejil.

9. Por último, coloque las patatas en un plato, añada por encima la salsa alioli que reservó y espolvoree el perejil picado por encima.

Patatas alioli

Patatas

con salsa de mostaza

1 kg de patatas

Salsa de mostaza:

1 huevo

Sal

3 dl de aceite de oliva

5 cucharadas de vinagre

1 vaso de vino Cariñena

½ cucharadita de mostaza

PREPARACIÓN PARA 4 PERSONAS

1. Pele, lave y corte las patatas en dados regulares más bien grandecitos.

2. Introduzca las patatas en una cacerola con agua hirviendo y sal durante 5 minutos. Cuando estén listas sáquelas y escúrralas.

3. Una vez bien escurridas, métalas en una rustidera con tapa y rocíelas con el vino dejando un chorrito para la mayonesa.

4. Caliente el horno a una temperatura moderada, introduzca la rustidera tapada y deje cocer durante 8 minutos con cuidado de que no se deshagan.

5. Ponga la yema de huevo en un bol y la clara resérvela en un plato, agregue un poco de sal, unas gotitas de vinagre y bata sin interrupción mientras añade el aceite poco a poco. Cuando la mayonesa esté espesa, añada el resto del vinagre, la mostaza y el vino restante.

6. Bata la clara a punto de nieve, agréguela a la mayonesa y mezcle hasta que quede una salsa un poco fluida.

7. En el momento de servir se vierte la salsa por encima de las patatas y se mueve con cuidado de que no se rompan.

½ kg de patatas

½ cebolla

Aceite de oliva

Vinagre

Perejil

Sal

Patatas a lo pobre

1. Elija unas patatas de un tamaño mediano para conseguir rodajas no excesivamente grandes. Pele las patatas, lávelas y córtelas en rodajas de medio centímetro.

2. Pele la cebolla y pártala en tiras.

3. Lave una ramita de perejil y pique muy finamente. Reserve.

4. En una sartén con aceite caliente, fría las patatas y la cebolla a fuego lento para que queden blandas. Muévalas de vez en cuando con cuidado de que no se deshagan y no se queme la cebolla. Momentos antes de retirarlas de la sartén, suba el fuego y deje que se doren un poco.

5. Cuando estén en su punto retírelas y colóquelas en una servilleta absorbente para eliminar el exceso de aceite.

6. A continuación, dispóngalas en un recipiente, rocíelas con un chorrito de vinagre, salpimiente y espolvoree con perejil.

7. Sírvalas calientes como aperitivo o bien como guarnición de cualquier plato de carne o pescado.

Ensalada de verano

1 kg de patatas

2 huevos

1 pimiento verde

1 rama de perejil

3 tomates

1 cebolla

5 cucharadas de aceite

1 diente de ajo

Sal

Pimienta

3 cucharadas de vinagre

1. Escoja patatas especiales para cocer. Lave las patatas para quitarles toda la tierra y póngalas a cocer en una cacerola con agua fría y un poco de sal durante 20 minutos.

2. Una vez cocidas saque las patatas del agua, déjelas enfriar un poco, quíteles la piel, córtelas en rodajas y colóquelas en una fuente. Reserve.

3. Lave el pimiento, deseche las semillas y córtelo en trocitos muy finos. Mézclelo con las patatas y reserve.

4. Lave el perejil y píquelo finamente.

5. Lave los tomates, córtelos en rodajas y colóquelos alrededor de la fuente de patatas y pimiento.

6. Pele la cebolla y píquela finamente. Igualmente pele el diente de ajo y píquelo.

7. Cueza los huevos en un cazo con agua durante unos minutos hasta que queden duros. Retírelos del fuego, escúrralos, deje enfriar unos minutos debajo del grifo y retire la cáscara. Parta los huevos en rodajas y colóquelos sobre las patatas.

8. En un bol mezcle el vinagre, la cebolla, el perejil, el ajo, la sal y la pimienta removiendo mientras añade el aceite poco a poco; vierta la salsa sobre las patatas, los tomates, el pimiento y los huevos.

9. Remuévalo bien y sirva la ensalada fría.

Ensalada de verano

Bolas de patata

1 kg de patatas

1 cucharada de mantequilla

100 g de chorizo

1 huevo

Aceite de oliva

Harina

1. Escoja patatas especiales para cocer. Pélelas, lávelas, introdúzcalas en un recipiente con abundante agua fría y cuézalas hasta que queden blandas.

2. Una vez cocidas, escúrralas y métalas en el horno unos minutos.

3. Retire las patatas del horno. Con la ayuda de un pasapurés haga un puré fino.

4. Separe la yema del huevo y reserve la clara en un plato hondo.

5. Añada al puré la yema de huevo, la mantequilla previamente ablandada y un poco de sal. Amase para mezclarlo todo muy bien.

6. Corte el chorizo en rodajas no demasiado gruesas y quítele la piel.

7. Impregne sus manos con un poco de harina, coja con una cuchara un poco de masa, coloque en el centro una rodaja de chorizo y haga una bola cubriendo por completo el chorizo.

8. Bata la clara que ha reservado y pase las bolas de patata por ella.

9. En una sartén con aceite muy caliente, fría las bolas hasta que queden bien doraditas.

Bolas de patata

Ensaladilla **rusa**

½ kg de patatas

½ kg de zanahorias

½ kg de judías verdes

½ kg de guisantes

1 huevo

2 latas de atún en aceite

Sal

Pimiento morrón

Salsa mayonesa:

1 huevo

3 dl de aceite
de oliva

Sal

Zumo de ½ limón

1. Lave las patatas para eliminar todo resto de tierra.

2. En una cacerola ponga las patatas con piel cubiertas con agua fría y un poco de sal. Deje cocer hasta que estén blandas sin que se lleguen a deshacer. Si pincha las patatas con una aguja y sale con facilidad, ya están listas. Retire del fuego, déjelas enfriar, quíteles la piel y córtelas en cuadraditos.

3. Lave las zanahorias y cuézalas del mismo modo que ha hecho con las patatas. Córtelas en cuadraditos pequeños.

4. Repita el mismo procedimiento con el resto de las verduras, siempre cociéndolas por separado.

5. En un cazo con agua fría introduzca un huevo y deje cocer 10 minutos hasta que esté duro. Enfríelo debajo del grifo y reserve.

6. Haga una mayonesa consistente con el huevo, el aceite y la sal. Añada el zumo de limón para dar sabor y aclarar la mezcla.

7. Ponga en un bol grande todas las verduras y el atún escurrido y añada poco a poco la mayonesa mezclando bien; reserve un poco para decorar.

8. Disponga la ensaladilla en una fuente o bien utilice moldes especiales para dar forma y adorne con el resto de la mayonesa, el huevo y el pimiento morrón.

1 kg de patatas

2 cebollas

50 g de tocino de jamón

200 g de carne picada

50 g de pan rallado

1 huevo

Sal

Pimienta

Perejil

Zumo de ½ limón

5 cucharadas de aceite de oliva

1 copa de vino blanco

1 dl de agua

2 cucharadas de harina

1 ajo

Patatas rellenas

PREPARACIÓN PARA 4 PERSONAS

1. Elija patatas de un tamaño grande y alargadas. Pele, lave y corte las patatas en dos mitades iguales a lo largo y, con la ayuda de un moldeador, haga un hueco en el centro.

2. Pele una cebolla y píquela finamente junto con el tocino de jamón.

3. Separe la yema de la clara y reserve ésta.

4. En un recipiente mezcle la carne picada con el pan rallado, la cebolla, el tocino, la yema del huevo, sal, pimienta, perejil y el zumo de limón. Amase bien la mezcla.

5. Con la masa resultante, haga tantas bolas como mitades de patata tenga y rellene cada una de ellas. Unte la parte rellena con la clara de huevo un poco batida, pase las patatas por harina y fríalas en aceite caliente. Según se vayan friendo colóquelas en una fuente para hornear con el relleno hacia arriba.

6. En el mismo aceite donde ha frito las patatas, rehogue la otra cebolla, troceada finamente, y el diente de ajo. Agregue una cucharada de harina, 1 dl de agua, el vino blanco y deje que dé un hervor.

7. Vierta la salsa por encima de las patatas y deje cocer en el horno 20 minutos a 150 °C hasta que estén tiernas. Si es necesario, para terminar la cocción, añada un poco de agua caliente.

Tortilla de patata

1 kg de patatas

1 cebolla

5 huevos

Aceite de oliva

Sal

1. Pele las patatas, lávelas y córtelas en rodajas muy finitas.

2. Pele la cebolla y píquela finamente.

3. En una sartén, ponga el aceite y cuando esté caliente eche la cebolla.

4. Cuando la cebolla se empiece a ablandar, eche las patatas, añada sal, tápelas y remueva de vez en cuando hasta que estén tiernas.

5. Retire del fuego, escurra y reserve.

6. Bata los huevos en un recipiente añadiendo una pizca de sal.

7. A continuación agregue las patatas y la cebolla ya escurridas y mézclelo bien hasta que se empapen.

8. Caliente una sartén con un chorrito de aceite. Haga la tortilla a fuego lento y dele la vuelta enseguida, con la ayuda de un plato, para que no se reseque.

9. Sírvala cortada en cuñas o en cuadraditos.

Tortilla de patata

Patatas

con espinacas

4 patatas medianas

300 g de espinacas

4 cucharadas de queso rallado

2 cucharadas de pan rallado

1 cucharada de semillas de sésamo

2 cucharadas de aceite de oliva

Sal

1. Escoja patatas especiales para cocer. En una olla con agua fría y un poco de sal cueza las patatas enteras unos minutos, compruebe que están tiernas con la ayuda de una aguja y retire del fuego.

2. Escúrralas, quíteles la piel y pártalas en rodajas. Colóquelas en un recipiente y reserve.

3. Si las espinacas son frescas, lávelas bien en varias aguas para eliminar los restos de tierra y cuando estén bien limpias, píquelas finamente.

4. En un cazo con agua cueza las espinacas con un poquito de sal durante 10 o 15 minutos aproximadamente. Escúrralas bien para eliminar el exceso de agua y saltee en una sartén con un chorrito de aceite de oliva.

5. En un recipiente mezcle el queso con el pan rallado y las semillas de sésamo.

6. Coloque las rodajas de patata en un recipiente especial para hornear, disponga las espinacas por encima, ponga otra capa de patatas y espinacas, y para finalizar otra de patatas. Esparza la mezcla de queso, pan rallado y semillas de sésamo por encima.

7. Precaliente el horno a 275 °C unos minutos, introduzca la bandeja y gratine.

Patatas con espinacas

Tapas con carne

Carne estofada

1 kg de carne de morcillo

1 cebolla

2 zanahorias

2 puerros

300 g de guisantes en conserva

1 cucharada de perejil

5 cucharadas de aceite de oliva

1 vaso de vino blanco

1 vaso de agua

Sal

Pimienta

PREPARACIÓN PARA 4 PERSONAS

1. Quite el gordo al morcillo y corte éste en dados.

2. Pele y pique los dientes de ajo y la cebolla finamente.

3. Lave las zanahorias, pélelas y córtelas en rodajas.

4. Lave los puerros para eliminar todo resto de tierra, deseche la parte verde y píquelos finamente.

5. Lave el perejil y píquelo finamente.

6. Vierta en una cacerola grande el aceite. Agregue la cebolla, el perejil, los puerros y el ajo, sazone la carne con sal y pimienta y colóquela sobre las verduras. Sin dejar de mover para que no se queme deje rehogar todo a fuego fuerte hasta que se dore.

7. Una vez dorada la carne añada el vino y el agua y deje cocer a fuego lento aproximadamente una hora hasta que la carne esté tierna. Si es necesario puede añadir agua en pequeñas cantidades para que no se pegue. Cuando el guiso esté casi terminado, incorpore los guisantes.

8. Pinche la carne con una aguja de mechar y si penetra con facilidad estará en su punto.

9. Puede servir la carne con las verduras enteras o bien pasar la salsa por un pasapurés, dejar que dé un hervor y verter sobre la carne.

Carne estofada

Riñones al jerez

700 g de riñones de ternera

2 cucharadas de aceite de oliva

1 copa de jerez

1 vasito de caldo concentrado

1 cucharadita de harina

25 g de mantequilla

Sal

Pimienta blanca

1. Limpie minuciosamente los riñones para evitar que tengan un sabor desagradable. Deseche el pellejo, el gordo y el sebo. Abra los riñones dando un corte horizontal, córtelos en pedazos y póngalos en un colador.

2. Ponga una cacerola con agua hirviendo, sumerja el colador con los riñones y déjelos escaldar durante 1 minuto. Sáquelos del agua, séquelos con un paño limpio y sazónelos con sal y pimienta blanca.

3. En una sartén con aceite muy caliente saltee los riñones a fuego vivo durante 5 minutos. Una vez salteados déjelos escurrir en un colador.

4. Ponga en una cacerola los riñones, ya salteados, añada el jerez y déjelos cocer exactamente 2 minutos.

5. Ponga en un cazo el caldo y la harina amasada con la mantequilla y deje cocer durante unos minutos. Sazone con sal y pimienta y vierta la salsa resultante sobre los riñones dejándolos al calor pero sin que hiervan más.

6. Sirva los riñones inmediatamente después de hacerlos para que no pierdan calor.

Riñones al jerez

Mollejas
con jamón

1 kg de mollejas de cordero

200 g de jamón ibérico

Aceite de oliva

1 kg de patatas

2 cucharadas de mantequilla

1 l de leche

Sal

PREPARACIÓN PARA 4 PERSONAS

1. Limpie bien las mollejas desechando las telillas y el sebo y póngalas en agua fría durante 3 horas.

2. Escúrralas bien, séquelas con un paño y córtelas en trozos más o menos regulares.

3. En una sartén con aceite caliente fría las mollejas hasta que queden doraditas. Retírelas de la sartén y escurra con la ayuda de una servilleta absorbente.

4. A continuación, en el mismo aceite en el que ha frito las mollejas, fría ligeramente el jamón cortado en lonchas no muy grandes.

5. En un recipiente mezcle las mollejas con el jamón y reserve teniendo cuidado de que no pierdan calor.

6. Pele las patatas, lávelas, trocéelas y póngalas a cocer en una olla con agua hirviendo salada durante 30 minutos hasta que las patatas estén blandas.

7. Escurra las patatas y tritúrelas con un pasapurés. Introduzca las patatas trituradas en un recipiente y mezcle con la mantequilla.

8. Caliente la leche en un cazo y cuando dé un primer hervor retire del fuego y vierta sobre las patatas trituradas.

9. Sálelo al gusto y remuévalo bien con la ayuda de un batidor y con cuidado de que no aparezcan grumos hasta conseguir un puré homogéneo.

10. Sirva el puré en un plato y coloque las mollejas con jamón por encima.

1 ½ kg de callos de ternera

½ kg de garbanzos

150 g de chorizo

1 hueso de jamón

1 cebolla

½ kg de tomates

3 cucharadas de aceite de oliva

Vinagre

1 limón

Sal

Pimienta negra en grano

1 cucharada de pimentón

1 hoja de laurel

Unas hojas de hierbabuena

Callos a la andaluza

1. Ponga en remojo los garbanzos la noche anterior.

2. Limpie los callos minuciosamente raspándolos con un cuchillo y córtelos en trozos pequeños. Ponga los callos en un recipiente y cambie el agua varias veces. A continuación escúrralos y agregue vinagre, sal y unos trozos de limón en cuartos. Frote bien los callos hasta que queden blancos. Lávelos de nuevo en varias aguas hasta que ésta salga completamente limpia.

3. Pele la cebolla, pártala en trozos y reserve una cucharada de cebolla finamente cortada para el sofrito.

4. Lave los tomates, escáldelos 2 minutos en agua hirviendo, pélelos, deseche las pepitas y píquelos.

5. En una sartén con aceite caliente haga un sofrito con la cucharada de cebolla que reservó y el tomate.

6. Ponga los callos en una cacerola al fuego y cúbralos con agua fría durante 5 minutos. Escúrralos, añada agua fría y cuando rompan a hervir añada los garbanzos, la cebolla, la hoja de laurel y hierbabuena, la cucharada de pimentón, el hueso de jamón y sal. Deje cocer a fuego moderado durante 4 horas. A media cocción añada el sofrito, el chorizo, rectifique de sal, añada unos granos de pimienta y deje cocer a fuego lento hasta completar las 4 horas.

Solomillo de cerdo en adobo

4 solomillos de cerdo

3 dientes de ajo

1 cucharadita de orégano

4 cucharadas de vinagre

1 cucharadita de pimentón dulce

1 vasito de agua

Aceite de oliva

Sal

PREPARACIÓN PARA 4 PERSONAS

1. Para que los solomillos tomen el sabor del adobo debe prepararlos la noche anterior.

2. Corte los solomillos en trozos regulares y no demasiado pequeños.

3. Pele los ajos y córtelos en dos partes a lo largo.

4. En un recipiente hondo prepare una mezcla con el orégano, los ajos, 4 cucharadas de vinagre, pimentón, sal y un chorrito de agua.

5. Introduzca los trozos de solomillo en el adobo y asegúrese de que se impregnen bien. Déjelo reposar toda la noche en el frigorífico.

6. Saque del recipiente el solomillo troceado y escúrralo bien para eliminar todo el líquido sobrante.

7. En una sartén con aceite bien caliente fría la carne adobada separando los ajos para que no se quemen y sírvalo caliente a modo de tapa.

Solomillo de cerdo en adobo

Hígado encebollado

½ kg de hígado de ternera o cordero

2 cebollas

½ kg de tomates

25 g de piñones

50 g de tocino

50 g de manteca

1 vasito de vino blanco

2 dientes de ajo

Sal

Pimienta

PREPARACIÓN PARA 4 PERSONAS

1. Corte el tocino en trocitos pequeños.

2. En una sartén vierta la manteca, arrímela al fuego y añada el tocino hasta que se dore.

3. Corte la cebolla finamente y agréguela junto con el hígado cortado en trozos pequeños.

4. Pele los tomates y córtelos en trocitos pequeños. Para que la piel se desprenda con facilidad escáldelos en agua hirviendo durante 2 minutos.

5. Pasados unos momentos, añada al sofrito los tomates y el vino blanco, salpimiente y deje cocer durante una hora tapado a fuego lento.

6. Machaque los piñones y el ajo. Agregue un poco de agua y a media cocción añada la mezcla al guiso.

7. Si lo desea, puede cortar pan en rebanadas y freírlas en una sartén con aceite caliente hasta que queden doradas para acompañar el plato o esparcir algunos piñones sobre el guiso.

Hígado encebollado

Flamenquines de carne de ternera

4 filetes de ternera finos

8 lonchas de queso para fundir

4 lonchas de jamón serrano

3 huevos

8 cucharadas de harina

8 cucharadas de pan rallado

Pimienta negra recién molida

Aceite de oliva

PREPARACIÓN PARA 4 PERSONAS

1. En un cazo con abundante agua ponga a cocer dos huevos durante 10 minutos hasta que queden duros. Retire del fuego y enfríelos debajo del grifo. Desprenda la cáscara y píquelos finamente.

2. Extienda los filetes, espolvoréelos con una pizca de pimienta negra y coloque dos lonchas de queso encima de cada filete; sobre el queso, una loncha de jamón serrano y sobre ésta, un poco de huevo cocido picado.

3. Envuelva los filetes sobre sí mismos formando un rollito y átelos con cuerda de bridar o bien sujételos con palillos.

4. Eche la harina sobre un plato llano, bata un huevo en un recipiente y extienda el pan rallado en otro plato.

5. Empane los rollitos primero con harina, luego con huevo batido y por último, con pan rallado.

6. En una sartén con abundante aceite caliente, fría los flamenquines hasta que estén doraditos. Retire del fuego, colóquelos sobre papel absorbente para eliminar el exceso de aceite y sírvalos calientes.

1 kg de oreja de cerdo

1 hoja de laurel

2 cebollas

Sal gorda

1 zanahoria

4 dientes de ajo

1 tomate maduro

1 pizca de tomillo

1 cucharadita de pimentón

1 guindilla

4 cucharadas de aceite de oliva

Sal

Pimienta

Oreja de cerdo

PREPARACIÓN PARA 4 PERSONAS

1. Limpie cuidadosamente la oreja.

2. En una cacerola con agua fría ponga la oreja con el laurel, una cebolla entera y sal gorda. Déjela cocer durante 2 o 3 horas a fuego medio, para que no se rompa la oreja, hasta que esté tierna. Reserve el caldo.

3. Corte la oreja en tiras o cuadraditos y reserve.

4. Pele la otra cebolla y píquela.

5. Lave la zanahoria, pélela y córtela también en cuadraditos.

6. Pele los dientes de ajo y píquelos finamente.

7. Escalde el tomate durante 2 minutos en agua hirviendo para desprender fácilmente la piel, pélelo, deseche las semillas y píquelo.

8. En una sartén con aceite caliente sofría la cebolla, la zanahoria y los dientes de ajo durante 5 minutos.

9. A continuación añada el tomate, una pizca de tomillo, una cucharadita de pimentón, la guindilla cortada en aros y dos cucharones del caldo de hervir la oreja. Agregue al sofrito la oreja y deje cocer 5 minutos más.

10. Salpimiente y sírvala caliente.

Pollo marinado

1 pollo

75 g de harina

250 ml de caldo de pollo

5 cucharadas de aceite de oliva

Sal

Pimienta

Marinada:

½ l de vino blanco

1 cebolla grande

1 puerro

1 zanahoria

1 rama de apio

2 dientes de ajo

10 granos de pimienta

1. Limpie el pollo desechando la grasa y córtelo en trozos no muy grandes.

2. Lave, pele y pique finamente todos los ingredientes para la marinada.

3. Coloque en un recipiente los ingredientes de la marinada, añada los trozos de pollo y deje marinar tapado en el frigorífico durante al menos 1 día. Una vez cumplido el tiempo escurra el pollo, séquelo con un papel absorbente, enharínelo y guarde el caldo de la marinada y las verduras.

4. En una cacerola con aceite caliente fría el pollo hasta que se dore. Añada las verduras de la marinada y dórelas.

5. Añada el líquido de la marinada y el caldo, salpimiente y cuando dé el primer hervor baje el fuego y deje cocer durante 1 hora.

6. Cuando esté cocido el pollo, repártalo en platos y reserve cerca del calor.

7. Haga una salsa con el caldo resultante removiendo con una cuchara de madera para que se reduzca y tome consistencia. Compruebe el punto de sal y vierta la salsa sobre el pollo a la hora de servir.

Pollo marinado

Sangrecilla

con tomate

½ kg de sangrecilla de ternera

1 cebolla

1 pimiento verde

2 dientes de ajo

1 kg de tomates maduros

7 cucharadas de aceite de oliva

1 hoja de laurel

Sal

1 cucharadita de azúcar

1. Pele la cebolla y córtela finamente.

2. Lave el pimiento, deseche las semillas y córtelo en tiras no demasiado finas.

3. Pele y pique los ajos.

4. En una sartén con 3 cucharadas de aceite caliente sofría a fuego lento los ingredientes anteriores con cuidado de que no se quemen y moviendo de vez en cuando hasta que queden tiernos. Retire de la sartén y reserve.

5. Para que la piel de los tomates salga fácilmente introdúzcalos durante 2 minutos en agua hirviendo. Desprenda la piel y córtelos en cuadraditos.

6. Vierta en la misma sartén el resto del aceite y fría el tomate tapado a fuego lento. Añada el sofrito anterior, compruebe el punto de sal y si es necesario añada una cucharadita de azúcar para quitar la acidez del tomate.

7. Corte la sangrecilla en cuadrados regulares y añádala al sofrito dando vueltas con una cuchara de madera, teniendo cuidado de que no se deshaga.

8. Deje cocer unos instantes junto con la hoja de laurel para que coja sabor y sírvase caliente.

Sangrecilla con tomate

Tapas del mar

Caballa escabechada

½ kg de caballa

1 cebolla

12 cucharadas de aceite de oliva

5 cucharadas de vinagre

1 hoja de laurel

1 pizca de tomillo

Romero

2 dientes de ajo

Sal

PREPARACIÓN PARA 4 PERSONAS

1 Limpie la caballa, córtela en rodajas gruesas, sazone con sal y enharínela ligeramente.

2 En una sartén con aceite caliente fría la caballa por ambos lados hasta que coja color. Reserve en una cazuela.

3 Pele la cebolla, pártala en rodajas y pele los ajos.

4 En otra cazuela con aceite caliente fría los dientes de ajo enteros, la cebolla, el laurel, el tomillo, el romero y añada el vinagre y un poco de sal.

5 Cuando la cebolla quede tierna y esté listo el escabechado, añádalo a la cazuela de la caballa hasta que ésta quede bien cubierta.

6 Deje enfriar 2 horas y sirva tibio a temperatura ambiente.

7 Puede consumir la caballa en el momento de hacerla o bien una vez fría. Guárdela en el frigorífico hasta cinco días sin temor de que se estropee. Si desea consumirla durante esos cinco días, sáquela del frigorífico momentos antes de servir.

Caballa escabechada

Empanada gallega de bonito

Para el sofrito:

1 cebolla

1 pimiento

1 diente de ajo

Una ramita de perejil

2 latas de bonito en aceite de oliva

1/2 kg de tomates

Sal

Pimienta

Pimentón dulce

Aceite de oliva

Para la masa:

250 g de harina

5 dl de agua

5 dl de leche

6 cucharadas del aceite del sofrito

1/2 cucharadita de sal

1/2 cucharadita de pimentón dulce

1/2 avellana de levadura de panadería

Para el relleno:

2 huevos cocidos

PREPARACIÓN PARA 4 PERSONAS

1 En una sartén con abundante aceite caliente prepare el sofrito rehogando la cebolla, el pimiento, el ajo y el perejil previamente picados finamente.

2 Cuando el sofrito esté a media cocción, salpimiéntelo, añada los tomates pelados, despepitados y picados y deje cocer hasta que quede perfectamente pochado. Agregue entonces una pizca de pimentón dulce y el bonito desmigado. Rehogue un poco más y retírelo del fuego. Deje enfriar.

3 Prepare la masa poniendo la harina en un cuenco amplio, haga un agujero en el centro y añada los demás ingredientes. Mezcle bien con la ayuda de una cuchara de palo y termine de amasar con las manos sobre una superficie lisa hasta que quede una masa suave, sin grumos ni pegajosa (puede añadir más harina para evitar que la masa se pegue).

4 Coloque la masa en forma de bola sobre un recipiente y deje reposar durante 1 hora aproximadamente.

5 Transcurrido ese tiempo, parta la masa en dos para hacer la base y la tapa de la empanada. Estire las dos partes con la ayuda de un rodillo formando dos círculos de 2 mm de grosor.

6 Utilice un molde redondo, engráselo y coloque la base en el interior. Vierta el sofrito previamente escurrido sobre la base y añada los huevos cocidos cortados en rodajas. Cubra con la tapa, apriete los bordes para que quede perfectamente sellada, decore si lo desea con tiras de masa sobrante y realice un agujero de respiración en el medio.

7 Pinte con la ayuda de un pincel la empanada con huevo batido y realice algunos cortes simétricos con unas tijeras para que no se infle al cocer.

8 Por último ponga a cocer la empanada en el horno –previamente calentado a 200 °C– durante 45 minutos para que se dore bien.

Empanada gallega de bonito

Cóctel de langostinos

½ kg de langostinos

1 huevo

1 cucharadita de mostaza

Pimentón

4 cucharadas de aceite de oliva

1 cucharada de zumo de limón

1 cucharada de brandy

2 cucharadas de nata líquida

3 cucharadas de *ketchup*

6 hojas de lechuga

Una ramita de perejil

Salsa Worcester

Sal

PREPARACIÓN PARA 4 PERSONAS

1 En un cazo con agua cueza los langostinos durante unos minutos, retire del fuego, escúrralos, deseche las cabezas y las cáscaras y reserve.

2 Lave las hojas de lechuga, centrifúguelas para eliminar el exceso de agua y píquelas finamente. Reserve.

3 Introduzca cuatro recipientes individuales en el frigorífico para que se enfríen.

4 Separe la yema del huevo, pásela por un colador, viértala en un recipiente y mezcle con la mostaza y una pizca de pimentón.

5 Remueva sin parar mientras va añadiendo el aceite gota a gota con cuidado de que no se corte la salsa.

6 Agregue una cucharada de zumo de limón, el *ketchup*, un poco de salsa Worcester, el brandy y la nata líquida.

7 Dé vueltas hasta que la mezcla quede homogénea y se forme una salsa cremosa. Sálelo al gusto.

8 Coloque la lechuga picada en los recipientes individuales, sobre ésta las colas de langostino y cubra con la salsa.

9 Espolvoree con perejil fresco y sirva inmediatamente.

1 kg de bonito

500 g de tomates

2 cebollas

1 ramita de perejil

50 gramos de nueces

7 cucharadas de aceite de oliva

3 pimientos rojos

Sal

Pimiento

Bonito encebollado

1 Coja la parte central del bonito, quítele la piel y las espinas y hágalo filetes.

2 Lave y pele los tomates. Para que la piel salga con facilidad, escáldelos en agua hirviendo durante dos minutos. Quíteles la piel y las semillas y córtelos en cuadraditos.

3 Lave los pimientos, quíteles las semillas y córtelos en tiras.

4 Pique finamente la cebolla, el ajo, el perejil previamente lavado y las nueces. Reserve.

5 Vierta una cucharada de aceite en una cacerola, ponga una cama de la mezcla anterior y sobre ella, un filete de atún. Salpimiente. Repita la operación con todos los filetes y termine cubriendo todo con los pimientos.

6 Rocíe con el aceite restante y deje cocer tapado a fuego lento hasta que esté bien cocinado en el jugo que sueltan los ingredientes.

7 Cuando esté en su punto destape la cacerola y termine la cocción en el horno durante unos minutos para reducir la salsa.

8 Decore el plato colocando las nueces por encima.

Lomos de palometa

con tomate

1 palometa grande

75 g de harina

1 cebolla

1 pimiento verde

4 cucharadas de aceite de oliva

½ kg de tomates maduros

Sal

PREPARACIÓN PARA 4 PERSONAS

1 Limpie la palometa desechando la piel. Córtela en lomos y éstos en trozos más pequeños.

2 Sale la palometa y enharínela.

3 Caliente en una cacerola el aceite, fría ligeramente los trozos de palometa y resérvelos en un plato. Conserve el aceite para hacer el sofrito más adelante.

4 Pele la cebolla y píquela no muy fina.

5 Lave el pimiento, deseche las semillas y córtelo en tiras alargadas.

6 Para que la piel de los tomates salga con facilidad puede escaldarlos durante dos minutos en agua hirviendo. Retire la piel de los tomates, deseche las semillas y tritúrelos.

7 En el mismo aceite donde ha frito la palometa, dore la cebolla y agregue el pimiento hasta que esté blandito. A continuación añada el tomate triturado y deje reducir durante unos minutos.

8 Ponga por encima del sofrito los trozos de palometa, tape la cacerola y deje hervir a fuego lento durante 15 minutos.

9 Sirva bien caliente.

Lomos de palometa con tomate

Mejillones

con salsa vinagreta

1 kg de mejillones

1 pimiento verde

$\frac{1}{2}$ cebolla

2 tomates pequeños

6 cucharadas de aceite de oliva

2 cucharadas de vinagre

Sal

Pimienta

1 ramita de perejil

PREPARACIÓN PARA 4 PERSONAS

1 Elija unos mejillones de buena calidad y asegúrese de que estén todos cerrados. Límpielos minuciosamente bajo el grifo raspando, con la ayuda de un cuchillo, todo resto de suciedad que esté adherido a la concha y desechando los que estén abiertos.

2 Cuézalos al vapor, en una cacerola tapada, hasta que se abran por completo. Escúrralos y tire los que no se hayan abierto.

3 Lave el pimiento, deseche las semillas, séquelo con papel absorbente y córtelo finamente.

4 Pele la cebolla y córtela de la misma forma que ha hecho con el pimiento.

5 Lave los tomates y pártalos también en trozos pequeños.

6 En un recipiente mezcle el pimiento, los tomates, la cebolla, el vinagre, la sal y la pimienta removiendo con un batidor mientras añade el aceite poco a poco hasta conseguir una salsa vinagreta fina.

7 Deseche la concha sobrante de cada mejillón, colóquelos en un plato, vierta la salsa por encima y adorne con una ramita de perejil.

Mejillones con salsa vinagreta

Calamares a la romana

1/2 kg de calamares

2 limones

75 g de harina

2 huevos

Aceite de oliva

Sal

PREPARACIÓN PARA 4 PERSONAS

1 Limpie minuciosamente los calamares retirando con cuidado la piel externa, la espina interior y las bolsitas de tinta. Separe las aletas y los tentáculos.

2 Corte el cuerpo de los calamares en anillas homogéneas, los tentáculos y las aletas en trozos y colóquelos en un recipiente.

3 Exprima el zumo de un limón y rocíelo sobre el calamar troceado junto con un chorrito de aceite de oliva.

4 Deje macerar 30 minutos aproximadamente.

5 A continuación rebócelos con harina, huevo batido y sal.

6 En una sartén con aceite caliente fría los calamares ya rebozados hasta que queden doraditos.

7 Escúrralos en papel absorbente para eliminar el exceso de aceite y sírvalos acompañados de unas rodajas de limón.

1 kg de boquerones
frescos

1 pimiento rojo
para asar

2 tomates maduros

1 cebolla

6 cucharadas de
aceite de oliva

2 cucharadas de
vinagre

Aceite de oliva
para freír

75 g de harina

Boquerones

con picadillo de verduras

PREPARACIÓN PARA 4 PERSONAS

1 Lave el pimiento y los tomates y pele la cebolla.

2 Introduzca todas las verduras en el horno, riegue con un chorrito de aceite de oliva y áselas.

3 Una vez asados el pimiento y los tomates desprenda la piel, deseche las semillas y pique finamente toda la verdura incluida la cebolla.

4 En un bol mezcle la cebolla, los tomates, el pimiento, el vinagre, la sal y la pimienta removiendo con un batidor mientras añade el aceite poco a poco hasta conseguir una salsa fina. Reserve.

5 Lave los boquerones, deseche las tripas y déjelos escurrir.

6 En una sartén con abundante aceite caliente fría el pescado una vez enharinado en cantidades pequeñas, para que el aceite no baje su temperatura, hasta que adquiera un color dorado por ambos lados. Déjelo escurrir en papel absorbente para eliminar el exceso de aceite.

7 Coloque los boquerones en un plato y riegue con la salsa de picadillo que preparó con anterioridad.

Soldaditos de Pavía

500 g de bacalao

160 g de harina

14 cucharadas de agua

10 g de levadura prensada

2 cucharadas de aceite

Aceite de oliva para freír

Zumo de 1 limón

Perejil

PREPARACIÓN PARA 4 PERSONAS

1 Escoja la parte del centro del bacalao y póngalo a remojar la noche anterior cambiándole el agua varias veces.

2 Una vez desalado hágalo tiras o pártalo en trozos de un tamaño regular y póngalo en un recipiente junto con el zumo de un limón. Reserve.

3 Ponga la harina en un cuenco, haga un hueco en el centro y añada un poco de sal, la levadura prensada, dos cucharadas de aceite crudo y el agua fría. Mezcle todo y déjelo tapado en un sitio templado hasta que la masa crezca.

4 Bañe los trozos de bacalao en la masa.

5 En una sartén con abundante aceite caliente introduzca los soldaditos de Pavía en cantidades pequeñas para que el aceite no baje su temperatura hasta que adquieran un color dorado.

6 Retire del fuego; coloque los soldaditos sobre papel absorbente para eliminar el exceso de aceite y sirva la tapa decorada con una ramita de perejil.

Soldaditos de Pavia

Sardinas a la segoviana

1 kg de sardinas

1 diente de ajo

75 g de harina

2 huevos

Aceite de oliva

Sal

Perejil

1 Escoja unas sardinas muy frescas y de un tamaño grande.

2 Limpie las sardinas quitándoles las espinas, la cabeza y las tripas. Déjelas escurrir.

3 Pele los ajos y píquelos muy finamente.

4 En un plato llano ponga harina para rebozar.

5 Bata los huevos en un plato hondo, añada el ajo picado y una pizca de sal.

6 Abra las sardinas en forma de abanico, sálelas, páselas primero por harina y después por el huevo batido.

7 En una sartén con abundante aceite caliente introduzca las sardinas rebozadas en cantidades pequeñas para que el aceite no baje su temperatura; fría hasta que estén doradas por ambos lados.

8 Déjelas escurrir sobre un papel absorbente y sírvalas a modo de tapa o ración decoradas con perejil.

Sardinas a la segoviana

Tapas · variadas

Cangrejos de río picantes

½ kg de cangrejos de río vivos

1 kg de tomates maduros

½ cebolla

5 dientes de ajo

2 guindillas

6 cucharadas de aceite de oliva

Sal

1 cucharadita de azúcar

PREPARACIÓN PARA 4 PERSONAS

1. Lave los cangrejos y deseche los que no estén vivos.

2. Pele la cebolla y píquela finamente. Pele los ajos y trocéelos en láminas no muy finas.

3. En una sartén con 3 cucharadas de aceite caliente sofría la cebolla hasta que esté tierna. Añada los ajos y dórelos. Suba el fuego y eche los cangrejos. Deje freír hasta que los cangrejos tomen un color rojizo junto con las guindillas.

4. Retire del fuego, escurra los cangrejos, la cebolla y los ajos y reserve el aceite.

5. Escalde los tomates con agua hirviendo durante 2 minutos para que la piel se desprenda con facilidad y tritúrelos en un pasapurés.

6. Vierta el resto del aceite en la sartén anterior y sofría el tomate a fuego lento durante 15 minutos. Añada un poco de azúcar para contrarrestar la acidez y sálelo al gusto.

7. Eche los cangrejos, la cebolla y los ajos reservados encima del sofrito de tomate. Cocínelo durante 15 minutos más.

8. Compruebe el punto de sal y sírvalos bien calientes.

Cangrejos de río picantes

Bolitas de patata rellenas

de espinacas

250 g de espinacas

10 cucharadas de pan rallado

10 cucharadas de harina

10 cucharadas de aceite de oliva

½ cebolla

2 huevos

Sal

Puré de patatas:

1 kg de patatas

1 l de leche

2 cucharadas de mantequilla

10 cucharadas de queso rallado

Sal

1. Elija patatas especiales para cocer.

2. Pele las patatas, lávelas y póngalas a cocer con agua fría hasta que estén tiernas.

3. Escurra las patatas y páselas por el pasapurés.

4. En una cacerola eche el puré y agregue la leche caliente y la mantequilla; trabaje con una espátula para que quede fino y añada el queso rallado. Déjelo enfriar y reserve.

5. Lave las espinacas cuidadosamente eliminando todo resto de tierra. Píquelas, póngalas a cocer hasta que estén hechas y escúrralas bien.

6. En una sartén con 3 cucharadas de aceite caliente sofría la cebolla muy picadita y cuando esté tierna añada las espinacas y sazone.

7. En un recipiente mezcle, con la ayuda de una espátula, el puré de patatas y las espinacas hasta que quede una masa homogénea. Sálelo al gusto.

8. Con la ayuda de dos cucharas forme bolitas y páselas por harina, huevo batido y pan rallado.

9. En una sartén con el resto del aceite muy caliente fría las bolitas hasta que se doren.

10. Colóquelas sobre papel absorbente para eliminar el exceso de aceite y sírvalas como tapa.

Bolitas de patata rellenas de espinacas

Huevos a la manchega

1 cebolla

1 diente de ajo

1 zanahoria

1 kg de tomates

6 cucharadas de aceite de oliva

Sal

Pimienta

1 cucharadita de azúcar

150 g de bonito en escabeche

4 huevos

Pan frito

1 Pele y pique finamente la cebolla, el ajo y la zanahoria.

2 Escalde los tomates en agua hirviendo durante 2 minutos para que la piel salga con facilidad. Desprenda la piel y píquelos.

3 En una sartén con aceite caliente fría los ingredientes anteriormente picados y sazone con sal y pimienta.

4 Pase el sofrito por la batidora y después por el chino para que quede una salsa fina. Compruebe el punto de sal y añada el azúcar para contrarrestar la acidez.

5 Desmigue el bonito y añádalo a la salsa anterior. Remuévalo bien y coloque la salsa en una fuente especial para horno.

6 Casque los huevos sobre la salsa con cuidado de no romper las yemas e introduzca la fuente en el horno, previamente calentado a 250 °C y espere a que se cuajen las claras.

7 Retire la fuente del horno y acompañe el plato con unas rebanadas de pan frito.

250 g de queso cabrales

½ l de leche

25 g de queso Philadelpia

1 cucharada de mantequilla

3 cucharadas de harina

2 huevos

Pan rallado

Aceite de oliva

Sal

Bocaditos de cabrales

PREPARACIÓN PARA 4 PERSONAS

1 Mezcle, con la ayuda de una batidora, el queso cabrales, la leche, el queso Philadelpia y la sal hasta que quede una crema homogénea y sin grumos.

2 Ponga una sartén al fuego y derrita la mantequilla. Añada la harina y remueva, con una cuchara de palo, hasta que forme una masa y quede ligeramente dorada. Agregue la crema de queso anterior y la leche sin dejar de remover.

3 Cueza 10 o 15 minutos y deje enfriar para que se endurezca y se forme una masa.

4 Corte la masa en porciones y pásela primero por harina, luego por huevo batido y, por último, por pan rallado.

5 En una sartén a fuego vivo con abundante aceite caliente, fría los bocaditos de queso empanados en cantidades pequeñas, para que el aceite no baje su temperatura, hasta que estén doraditos. Escúrralos con la ayuda de una servilleta absorbente y deje enfriar unos minutos antes de servir.

Aguacates rellenos de atún

4 aguacates

5 palitos de cangrejo

2 latas de atún en aceite de oliva

½ cebolla

30 g de maíz

Zumo de ½ limón

Ingredientes para la salsa rosa:

1 huevo

Aceite de oliva

1 limón

3 cucharadas de *ketchup*

1 cucharadita de *whisky* o coñac

Unas gotas de zumo de naranja

1 cucharada de leche o nata líquida

Sal

1 Desmenuce en tiras los palitos de cangrejo.

2 Escurra el atún y desmíguelo.

3 Pique la cebolla finamente.

4 Haga una salsa mayonesa consistente con el huevo, el aceite y la sal. A continuación añada el zumo de limón, el *ketchup*, el *whisky*, el zumo de naranja y la leche.

5 Mezcle en un cuenco el cangrejo, el atún, la cebolla y el maíz. Agregue la salsa rosa y remuévalo bien.

6 Pele los aguacates, pártalos por la mitad a lo largo y saque el hueso. Rocíelos inmediatamente zumo de limón para que no se ennegrezcan.

7 Introduzca la mezcla anteriormente preparada, con la ayuda de una cucharilla, en el hueco del hueso de los aguacates.

8 Deje enfriar en el frigorífico cubriéndolos con papel transparente.

Aguacates rellenos de atún

Pisto manchego

½ kg de calabacines

½ kg de tomates

½ kg de pimientos

2 cebollas medianas

5 cucharadas de aceite de oliva

1 diente de ajo

Sal

1 cucharadita de azúcar

1. Pele la cebolla y el ajo finamente.

2. Lave el perejil y píquelo.

3. Lave los pimientos, deseche las semillas y pártalos en trozos no muy pequeños y un poco alargados.

4. Elija tomates maduros y escáldelos en agua hirviendo durante 2 minutos para desprender la piel con facilidad. Quíteles la piel y las semillas y pártalos en pedacitos.

5. Lave los calabacines y córtelos en cuadraditos.

6. En una sartén con aceite caliente eche la cebolla, el ajo y el perejil moviendo de vez en cuando hasta que la cebolla quede tierna.

7. Añada al sofrito anterior los pimientos y deje rehogar lentamente tapado.

8. A continuación agregue los calabacines y los tomates. Deje cocer a fuego lento tapado durante 15 minutos hasta que esté en su punto.

9. Compruebe el punto de sal y si es necesario añada una cucharadita de azúcar para quitar la acidez del tomate.

Pisto manchego

Caracoles con jamón

1 kg de caracoles

300 g de sal

1 vaso de vinagre

1 cebolla

2 dientes de ajo

1 ramita de perejil

100 g de jamón serrano

Aceite de oliva

Salsa de tomate

Una hoja de laurel

Tomillo

Clavo

Pimienta

PREPARACIÓN PARA 4 PERSONAS

1 Elija caracoles de viña y si es posible, en otoño. Es importante que estén muy limpios y para ello es necesario hacerles ayunar durante 10 días.

2 Con ayuda de un cuchillo, perfore el tabique de los caracoles eliminando la baba que se ha endurecido. Lávelos en un recipiente con agua tibia para eliminar el resto de tierra. Repita la operación varias veces. Deje los caracoles en el recipiente, añada tres puñados de sal, un vaso de vinagre, agua tibia y déjelos en remojo durante 2 horas removiendo de vez en cuando.

3 Después de 2 horas agregue más agua, restriéguelos y cambie el agua hasta que queden limpios por completo.

4 Ponga los caracoles en una cacerola con agua fría y déjelos un rato para que saquen el cuerpo. A continuación póngalos a hervir a fuego vivo durante 10 minutos. Escúrralos.

5 Pique la cebolla, el ajo y el perejil finamente.

6 Parta el jamón en cuadraditos.

7 Ponga bastante aceite en una cacerola, cuando esté caliente, eche la cebolla, el ajo, el perejil y rehogue bien. Añada el jamón, un poco de salsa de tomate, el laurel, el tomillo, pimienta, clavo y sazone. Cuando el sofrito esté hecho agregue los caracoles ya escurridos y dé unas vueltas para que se impregnen. Cubra de agua y deje hervir durante 3 horas.

8 obleas para empanadillas

3 huevos

1 lata de atún en aceite de oliva

1 lata de pimiento morrón

½ cebolla

½ kg de tomates maduros

Aceite de oliva

Sal

Empanadillas de atún

PREPARACIÓN PARA 4 PERSONAS

1 En un cazo con agua fría cueza los huevos, durante 10 minutos, hasta que queden duros y píquelos.

2 Escurra el atún y desmíguelo.

3 Escurra el pimiento morrón, quite las pepitas y trocéelo del mismo modo que ha hecho con el huevo.

4 Lave los tomates. Para que la piel salga con facilidad escalde los tomates en agua hirviendo durante 2 minutos. Desprenda la piel, deseche las semillas y píquelos finamente junto con la cebolla.

5 En una sartén con aceite caliente prepare un sofrito con los tomates y la cebolla. Cuando esté hecho el tomate añada una pizca de azúcar para quitar la acidez. Salpimiente.

6 Agregue al sofrito el atún, el pimiento morrón y los huevos. Deje enfriar.

7 Extienda las obleas y coloque un poco del sofrito resultante en cada una.

8 Doble las obleas, humedezca los extremos y presiónelos con los dientes de un tenedor para que queden bien sellados y el sofrito no se salga.

9 Fría las empanadillas en una sartén con abundante aceite caliente hasta que estén doradas.

Champiñones al ajillo

1 kg de champiñones

4 dientes de ajo

Perejil

1 limón

5 cucharadas de aceite de oliva

Sal

PREPARACIÓN PARA 4 PERSONAS

1 Para que los champiñones no absorban agua, no se deben limpiar bajo el grifo; es preferible utilizar una servilleta para eliminar los restos de tierra. Pártalos en láminas.

2 Exprima el zumo de 1 limón y viértalo sobre los champiñones para evitar que se ennegrezcan.

3 Pele los dientes de ajo y córtelos en láminas finas.

4 En una cazuela con aceite caliente saltee los ajos sin dejar de remover y con cuidado de que no se quemen.

5 Sazone los champiñones y añádalos a la cazuela junto con el zumo de limón. Deje cocer 5 minutos más y justo antes de terminar espolvoréelos con perejil picado.

6 Disponga los champiñones a modo de tapa y sírvalos bien calientes.

Champiñones al ajillo

Croquetas a la española

50 g de jamón

125 g de carne picada de ternera

$\frac{1}{2}$ l de leche

40 g de manteca

200 g de pan rallado

1 huevo

10 cucharadas de harina

Sal

Pimienta

Aceite de oliva

PREPARACIÓN PARA 4 PERSONAS

1 Ponga en un cazo la manteca y cuando se derrita añada la carne desmenuzada.

2 Corte el jamón en cuadraditos pequeños y añádalos al cazo donde ha rehogado la carne.

3 Cuando la carne esté hecha añada 10 cucharadas de harina, remueva para que la harina no quede cruda y vaya añadiendo la leche fría sin dejar de mover con un batidor para que no se formen grumos. Deje cocer durante un buen rato.

4 Salpimiente, vierta sobre una fuente llana y deje enfriar.

5 Para que la masa se haga consistente conviene que la deje reposar al menos cuatro horas a temperatura ambiente.

6 Coloque la masa en una manga pastelera sin utilizar ninguna boquilla y con una abertura no muy pequeña. Sobre una bandeja con el pan rallado fino y pasado por un colador, haga tiras alargadas y a continuación con un cuchillo corte la masa según el tamaño deseado.

7 En un bol bata el huevo con 1 cucharada de harina y 3 de agua. Reboce las croquetas, con la ayuda de dos tenedores, en el huevo y después otra vez en el pan rallado.

8 Fría las croquetas en una sartén honda con aceite bien caliente hasta que se doren. Retírelas del fuego y déjelas escurrir en un papel absorbente.

Croquetas a la española

Tapas dulces

Dátiles

con beicon y almendras

8 dátiles

8 lonchas finas de beicon

8 almendras

Aceite de oliva

PREPARACIÓN PARA 4 PERSONAS

1 Deseche los huesos de los dátiles y ponga en su lugar una almendra. Tenga cuidado de no romper el dátil.

2 Corte las lonchas de beicon hasta que tengan el mismo tamaño que los dátiles.

3 Envuelva cada dátil con una tira de beicon formando un rollito y pinche con un palillo.

4 Coloque los rollitos en una bandeja especial para hornear.

5 Precaliente el horno a 250 °C e introduzca los rollitos durante 3 minutos aproximadamente hasta que se dore el beicon.

6 También puede freír los rollitos en una sartén con aceite caliente, en vez de hornearlos, friéndolos en cantidades pequeñas para que el aceite no baje su temperatura y durante poco tiempo; tenga cuidado de que no se quemen.

7 Sirva bien caliente a modo de tapa. Puede adornar con almendras fileteadas.

Dátiles con beicon y almendras

Manzana frita

con azúcar

4 manzanas

Zumo de 1 limón

75 g de harina

2 cucharadas de azúcar

Aceite de oliva

Agua con gas

1 sobre de levadura

1. Pele las manzanas, deseche el corazón con la ayuda de un descorazonador y córtelas en rodajas de $1/2$ centímetro aproximadamente.

2. Ponga las rodajas de manzana en un cuenco, vierta inmediatamente el zumo de limón para que no se ennegrezcan, añada dos cucharadas de azúcar y deje macerar 1 hora.

3. En un bol ponga el agua con gas, un sobre de levadura y la harina. Con la ayuda de un batidor remueva bien la mezcla hasta conseguir una masa fina.

4. Reboce las rodajas de manzana con la masa.

5. En una sartén con aceite caliente fría las rodajas en cantidades pequeñas con cuidado de que no se quemen pero que cojan un poco de color.

6. Ponga las rodajas sobre papel absorbente según las va friendo para eliminar todo resto de aceite.

7. Coloque la manzana frita en un plato y espolvoree con azúcar.

Manzana frita con azúcar

Tarta de San Marcos

200 g de nata para montar

Bizcocho:

6 huevos

200 g de azúcar

400 g de harina

1 sobre de levadura

200 g de mantequilla

Sal

Crema de trufa:

200 g de cobertura de
chocolate

200 g de nata montada

Yema pastelera:

100 g de azúcar

8 yemas

1 Separe las yemas de las claras. En un bol bata las claras a punto de nieve con una pizca de sal y añada las yemas junto con el azúcar removiendo sin parar durante 10 minutos hasta conseguir una masa muy fina. Agregue la harina tamizada poco a poco sin dejar de remover y la mantequilla derretida.

2 En un molde rectangular untado previamente con mantequilla y espolvoreado con harina, vierta la masa e introdúzcalo en el horno precalentado a 220 °C durante 20 minutos.

3 Saque el bizcocho del horno y déjelo enfriar.

4 Monte la nata y reserve en la nevera.

5 En un cazo, caliente la cobertura de chocolate y deje atemperar. Mezcle con un poco de nata y guarde en la nevera.

6 Para la yema pastelera mezcle las yemas con el azúcar en un cazo y póngalo al fuego muy lento removiendo con una varilla hasta que espese y retírelo.

7 Proceda a rellenar el bizcocho cortándolo primero en tres capas con un cuchillo de sierra. Coloque la primera capa de bizcocho sobre una fuente, añada una capa de cobertura de trufa, encima otra capa de bizcocho, sobre ésta una capa de nata, otra capa de bizcocho y por último la yema pastelera.

Tarta de San Marcos

Bocaditos de nata

Aceite de oliva

5 cl de nata líquida

Azúcar glas

Masa:

12,5 cl de agua

Una pizca de sal

25 g de azúcar

50 g de mantequilla

80 g de harina

2 huevos grandes

1. En un cazo, caliente el agua, la sal, el azúcar y la mantequilla y llévelo a ebullición. Cuando dé el primer hervor retírelo del fuego y añada la harina tamizada de una sola vez removiendo con una cuchara de madera. Ponga la masa de nuevo al fuego para que se seque sin dejar de remover hasta que quede bastante firme.

2. Coloque la masa en un cuenco, bata los huevos e incorpórelos poco a poco removiendo hasta que queden completamente ligados y la masa tenga un aspecto liso y ligero.

3. Forme bolitas de un tamaño regular y fríalas en cantidades pequeñas en una sartén con abundante aceite caliente, sin que se lleguen a dorar en exceso. Retírelas del fuego y déjelas escurrir sobre una servilleta absorbente. Deje templar y reserve.

4. Monte la nata con un batidor. Antes de hacerlo asegúrese de que el recipiente, los utensilios y la nata estén bien fríos.

5. Introduzca la nata en una manga pastelera y rellene los bocaditos uno a uno hasta que queden totalmente llenos.

6. Coloque los bocaditos sobre una bandeja o plato llano y espolvoree con azúcar glas.

Bocaditos de nata

Pastelitos rellenos
de chocolate

Masa:

12,5 cl de agua

Una pizca de sal

25 g de azúcar

50 g de mantequilla

80 g de harina

2 huevos grandes

Crema:

½ l de leche

3 yemas

3 cucharadas de maicena

75 g de azúcar

25 g de mantequilla

Ralladura de 1 limón

50 g de cacao

Fondant:

125 g de azúcar

100 g de mantequilla

3 onzas de chocolate

4 cucharadas de agua

1. En un cazo, caliente el agua, la sal, el azúcar y la mantequilla y llévelo a ebullición. Cuando dé el primer hervor retírelo del fuego y añada la harina tamizada de una sola vez removiendo con una cuchara de madera. Ponga la masa de nuevo al fuego para que se seque sin dejar de remover hasta que quede bastante firme.

2. Ponga la masa en un cuenco, bata los huevos e incorpórelos poco a poco removiendo hasta que queden bien ligados y la masa tenga un aspecto liso y ligero.

3. Forme tiras de masa separadas unas de otras sobre la bandeja del horno. Precaliente éste a 220 °C e introduzca la bandeja durante 35 minutos. Deje enfriar y reserve.

4. Prepare una crema pastelera poniendo en un cazo las yemas, el azúcar, la maicena y añadiendo poco a poco la leche previamente hervida.

5. Agregue la ralladura de limón, bata la mezcla con un batidor y acerque el cazo al fuego sin dejar de remover. Cuando rompa a hervir retírelo del fuego, agregue la mantequilla y el cacao y remueva. Introduzca la crema en una manga pastelera y déjela enfriar.

6. Corte los pastelitos a lo largo y rellene con la crema de cacao.

7. Para preparar el fondant de chocolate, primero eche el agua y el azúcar en un cazo y haga un almíbar. A continuación, deshaga el chocolate en otro cazo puesto al baño maría y añádale el almíbar. Cuando esté templado agregue la mantequilla a la vez que bate. Por último, bañe con una cuchara cada pastelito y déjelos enfriar.

Pastelitos rellenos de chocolate

Tartaletas de crema pastelera

60 g de avellanas

60 g de nueces

120 g de mantequilla

120 g de harina

60 g de azúcar

Crema pastelera:

½ l de leche

100 g de azúcar

6 yemas de huevo

50 g de harina

Canela en rama

Ralladura de 1 limón

Yema:

½ l de agua

200 g de azúcar

4 yemas de huevo

1. Pique finamente las avellanas y las nueces. Reserve.

2. En un bol introduzca la mantequilla y añada la harina mientras mezcla con la punta de los dedos hasta que forme migas. Incorpore el azúcar, los frutos secos picados y amase hasta conseguir una masa fina.

3. Forme bolas, estire cada una de ellas con la ayuda de un rodillo y forre unos moldes para tartaleta previamente untados con mantequilla. Precaliente y hornee las tartaletas durante 20 minutos a 190 °C.

4. Prepare una crema pastelera poniendo a hervir la leche con la ramita de canela. Cuando dé un hervor retire del fuego y deje enfriar.

5. En un cazo bata las yemas y el azúcar. Cuando la mezcla quede homogénea añada la harina desleída con un poco de leche fría y mezcle con la leche hervida y la ralladura de limón.

6. Ponga a cocer a fuego suave hasta que espese con cuidado de que no hierva. Deje enfriar. Introduzca la crema en una manga pastelera y rellene las tartaletas.

7. En un cazo ponga el agua y el azúcar y prepare la cobertura de yema. Cuando dé un primer hervor, añada las yemas al almíbar, retire del fuego y deje reposar 5 minutos. Saque la yema del cazo y deje enfriar.

8. Con la ayuda de una cuchara añada una pequeña cantidad sobre cada pastelito y para terminar, espolvoree un poquito de canela.

Tartaletas de crema pastelera

Editora responsable: Isabel Ortiz

Realización: Working Image & Design S.L.

Coordinación y dirección: Concha López

Responsable de proceso: Antonia Mª Martínez

Corrección de textos: María Forero

Fotografía: Concha López

Estilismo: Laura García

Diagramación: Lufercomp S.L.

Preimpresión: Miguel Ángel San Andrés

Tratamiento de imágenes: José de Haro

Responsable de logística: Carlos Nafarrate

Nuestro agradecimiento a Jesús Vega por su aportación en la elaboración
de recetas y decoración de platos, así como a la tienda Casa.

© SUSAETA EDICIONES, S.A.
Campezo, 13 - 28022 Madrid
Tel.: 91 3009100 - Fax: 91 3009118
www.susaeta.com